Sangue de Flamboyant

Sangue de Flamboyant

Marisa Mamede

MOINHOS

Edição:
Camila Araujo
Nathan Matos

Assistente Editorial:
Sérgio Ricardo

Revisão:
LiteraturaBr Editorial

Diagramação e Projeto Gráfico:
LiteraturaBr Editoral

Capa:
Humberto Nunes

1ª edição, Belo Horizonte, 2017.

Nesta edição, respeitou-se o novo
Acordo Ortográfico da Língua Portuguesa.

M264s
Mamede, Marisa | Sangue de Flamboyant
ISBN 978-85-92579-54-8
CDD 869.91
Índices para catálogo sistemático
1. Poesia 2. Poesia Brasileira I. Título

Belo Horizonte:
Editora Moinhos
2017 | 52 p.

Sumário

A casa azul

a casa azul tinha uma varanda
com árvores a perder de vista
e neblina suspensa
sobre o tempo
naquela manhã

era uma casa azul
com dons de antigamente
e janelas abrindo-se em laterais
onde borboletas soçobravam

a casa, que era azul de pacífica
tinha escola à pé
e vizinhos com nomes
de onde por ventura
delicadezas viriam

a casa abrigava em seu seio
vida feminina
de mãe e filha
que em tudo se assemelham
e se põem mais belas
por estar juntas
e dividir segredos

a casa azul tinha essa beleza
não-supérflua
e meio intangível

em vez de
marcar-nos a memória
deixava em nós
uma leve reminiscência
de dias felizes por vir

Coração de jardineiro

é sentir a sede das plantas
e antever o lançar das folhas
antes das chuvas
quando a natureza aposta
e parece que vai perder
a razão para o estio

é discernir o botão de flor
em seu mais ínfimo
e regozijar-se da promessa
de beleza e fruto
junto com as abelhas

é sonhar néctares

Moçárabe

moçárabe extraviada,
dissimulo
a sensualidade recôndita
das mulheres proibidas

em meu corpo
cicatrizes de raízes
desprendidas

na amêndoa dos olhos
visões de um al-andalus
que nunca foi a minha pátria
e no entanto habita meus sonhos

no eldorado tropical
a diáspora familiar como sina
de um povo que se espalha
mas não se desvencilha da origem

de matriz africana
vingada entre
o sertão do quixadá
e o dos inhamuns,
a memória ancestral da fome

essas e outras cicatrizes
marcando a alma
de navegador em exílio
que contempla o mar

e uma rebrota mais vigorosa
que começa a dominar
trazendo viço novo
ao ser antigo

misturando seivas
de raízes extintas
cresce de cicatrizes

será
tamareiro
azinheira
pau-branco
ou louro-ipê

o meu endemismo?

ai, sangue de flamboyant
tinge de verdade
o líquido
que de mim
deborda
e inunda
os meus poros

Menina

em algumas coisas
fiquei menina

podendo,
vou pelo atalho
do mato molhado

dele saindo
de sandálias úmidas

estou sempre de sandálias

os pés não gostam
de sapatos fechados
os calcanhares
tem vertigem

tenho atração
por meios-fios

ainda súbito me assalta
o ímpeto de ir por aí
de bananeira

escolho pousar a vista
nas copas das árvores
como quem brinca
de não pisar nas linhas
entre os azulejos

pretendo assim aos poucos
tornar nulos os efeitos
da frustrada civilização
em que padeço

limpar o olhar
voltar ao estado
bruto de mim

enxergar de frente
o animal que sou
menina

Ana-Ilógica

você digital e eu analógica
sendo ana, quase ilógica
daquelas que não seguem receitas
nem confirmam presença em eventos
uma exceção à regra
da sobrevivência do mais apto
na pós-modernidade

deparei-me com o seu layout smart
e enterneci-me
contra todas as previsões dos astros
contra todas as estimativas
dos sites de relacionamento

você em um só clique
ativou-me o perfil
alcançou a conexão remota
dos meus desejos
e passou a alimentar de conteúdos
meus pensamentos mais íntimos

eu levei à deriva
a sua navegação orientada
sua versatilidade extrema
agora derrapa
em certos recantos de felicidade
colocados sorrateiramente
em seu caminho

a noite quando tu me digitalizas
e nos encontramos
no terreno comum da telepatia
eu desejo que um dia
venhas a configurar-te
em meu usuário preferencial

dispenso o uso de senhas se quiseres
bastando a ativação pelo olhar

saberei reconhecer a tua íris
assim como a tua aura
em qualquer situação

deixarei pistas
do feng-shui de mim
aos quatro ventos

farei de ti um astrólogo
de geek disfarçado
e seguiremos compatibilizando
nossos sistemas semi-independentes

pois eu de teus símbolos
já não posso me passar tampouco

Microclima

fabrica-me um microclima
para que possamos
melhor incendiar-nos

em tempos de
mudanças climáticas
todo cuidado é pouco
vai que alcançamos
a tão sonhada
fusão nuclear
o derretimento total
das nossas calotas polares

chega de mansinho
que eu vou medir
a tua temperatura antes
do aquecimento global de nós
que seja em fogo ardido de espera
o depois ninguém sabe

quero com as mãos medir
o tamanho do teu desejo
e alimentá-lo

e te abraçar com pernas fortes
até o êxtase conjunto dos corpos
a transposição dos fluxos
em leitos insondáveis

transmutação da matéria
em energia pura
de peles reluzentes de suor

o repouso afinal
e nada além
de voltar a mim
devagarinho

te reencontrar meu
sossegadinho ao lado
refazendo-nos juntos
do cataclismo ao contrário
do nosso encontro carnal

Poema quântico

queria uma poesia feita
da sensibilidade das coisas
que por vezes causa
essa rarefação do ar
que identificamos
como a poesia

assim como
o observador interfere
nos fenômenos da física
o poeta interfere
nos fenômenos da poesia

quem dera não interferir
e deixar a poesia correr solta
prescindindo da primeira pessoa

Poema preguiçoso

a poesia não deixa de ser
uma ocupação de preguiçosos
— é possível escrever
um grande poema
num verso de guardanapo

coisa de gente habitada por imagens
e esquiva de palavras demais

não diz a que veio
apenas sussurra
chegando diferente
ao ouvido de cada um

como criança a brincar
de telefone sem-fio
o poeta é sempre
um aprendiz das palavras
sujeito a interpretações dúbias

e no exercício sempiterno
de dar eco a vozes subterrâneas
o poeta persiste no jardim da infância
a espantar-se com a própria fala

Palavra escrita I

a palavra escrita acalanta
a falada por vezes atropela
grito selvagem
que não é possível
aspirar de volta

o ar é irreversível

na escrita,
pode-se sempre reescrever
até que a palavra encaixe
deixá-la reverberar
até que se ouça
inconfundível
o clique do poema

a partir deste ponto
não carece mais reescrever
nem misturar
bastando deixar fermentar
para que o poema apareça

as palavras encontram
os seus vizinhos
e deixam-se estar ali

fora isso, é a busca incessante
em um jogo infindável
pelo som e lugar da palavra

Galeria dos brincos perdidos

uma pequena caixa de madeira
contendo objetos desencontrados
guardados sem motivo aparente
é a galeria dos brincos perdidos
daquela moça

quanto de beleza simbólica, e inútil!
quanto ciúme tenho
daquelas coisas enfeitadoiras
que tantas lembranças carregam

o namorado em não sei qual praça
que lhe ofertou os brincos
do qual perdeu-se um par
e cujo restante
habita aquela caixa
há tantos anos
será sinal de um resto de paixão?

que motivo leva a menina a guardar
sabendo que não vai mais usá-lo
senão a lembrança
de um tempo
a que deseja voltar?

a menina tem os seus segredos
de guardar penduricalhos
alguns perderam-se
mas não deviam,

tanto que se ajustavam às orelhas
e aos anseios da menina
que então guarda-os
para ter a sua companhia
mesmo que calada
mesmo que secreta

um dia talvez mostre à filha
para que a outra menina entenda
parte da sua interpretação do mundo
nem é pelo valor
pois não são joias
que habitam a caixinha
estão mais pra inutensílios

é todo sentimental o motivo
que leva a decidir se um brinco sem par
ingressa a galeria ou vai
na próxima grande faxina
do tipo desapego

a menina um dia já nem é mais menina,
mas a caixinha sobrevive
ao passar dos dias, anos, décadas
raramente recebendo visitas
e menos ainda novos habitantes

será que as meninas falam entre si
de suas galerias de brincos perdidos,
eventualmente fazem exposições coletivas?
ou isso é coisa dessa menina apenas?

de nada duvido entre mulheres
queria ser inseto
capturado em âmbar
habitar a caixinha
presenciar singelezas

Calcanhar de Aquiles

tenho um calcanhar
de aquiles nas costas
que inflama cada vez
que me distancio de mim
acumulados desencontros
vem dar nessa encruzilhada

intrincada máquina humana
onde o cabeamento elétrico está sujeito
às energias mais indizíveis
dos seres movidos por amor
seja: as mais loucas oscilações
e onde não é possível (ainda)
pedir a reposição de fios partidos

bicho que quis virar máquina
e recalcou os seus instintos
mal e porcamente
pra debaixo do tapete
no chamado processo civilizatório

mas que ficou contraditório

querer ser engrenagem polida
em um sistema social
altamente complexo e artificial
e permanecer bicho
guiado por rudes instintos

criaram-se cidades
para servir de cativeiro
a esses seres contraditórios
e atendimentos de emergência
para onde se vai em ambulâncias

o bicho continua a proliferar
cresce e se multiplica
pra fazer dos seus filhotes
pequenas engrenagens
em treinamento
para a futura alimentação
do sistema social

reproduzindo em escala individual
o processo civilizatório
que o ser humano
em sua evolução percorreu

insistimos afinal por instinto
em um mundo guiado pela lógica
tateando a cada dia
o amanhecer do outro

Realidade alcalina

choque de realidade alcalina
na oficina mecânica

onde monstros devoradores
de hidrocarbonetos e gente
expõem as suas entranhas

poças de água negra
sobre o asfalto corroído

eu buscando decifrar
na linguagem corporal do mecânico
o prognóstico do dia
— partir em weekend
ou padecer vítima
de pane automobilística?

a família à espera
o risco de ficar no prego

e a junta de mecânicos
debruçados sobre o capô
do meu rocinante

não fosse essa
realidade alcalina
estaríamos na estrada
caminho das águas

secura extrema na cidade
(— por que não decretam
estado de emergência?)

colado na oficina
um boteco pé-sujo
onde adolescentes
fingindo ser homens
alimentam a cultura do estupro

bando de uns quinze
jogando sinuca:

"— olha só quem tá passando!
— é ela...
— com a mãe
— mas é uma menina...
— isso não quer dizer que eu não pegava!
— hahaha!!!"

e eu tentando me fazer invisível
em meu vestido estampado

singularidade na fuligem

Poema subversivo

a poesia é a minha atitude subversiva
de resistência à modernidade

à ditadura das redes sociais
prefiro o reinado solitário
da rede antissocial
da varanda

perpetrar o crime poético
diariamente
é meu segredo
dissimulado
entre gestos corriqueiros

quiçá um dia seja menos secreta
a poesia entre as gentes
mas duvido
o mundo anda apoético

senão apocalíptico

Mais vale

mais vale o cheiro duvidoso
da lavanda de patchouly
acima das calçadas

que o perfume insidioso
do chanel n 5 no elevador

mais vale a pipoca
do carrinho na rua
que a gourmet no shopping

espojar-se na simplicidade
é o supremo luxo

Flor esta

que flor esta
esconde-se
sob a tua floresta
e tão pouco desvela-se

de delicadeza toda
camufla-se
em lenho antiquíssimo
mas é efêmera
como o encontro
de marte com vênus

em minha jornada
sonhei esta flor
nascida em ti

de teu perfume madeira
hiper-volátil
embriaguei-me
e me perdi

no emaranhado de tuas ideias
me arranhei
ganhei marcas
virei floresta
valsei com as sombras

a dança criou vento
que balançou o dossel

entrou um feixe
cegou-me de luz
e confundiu
o teu perfume
com o do mar
tão distante

desnorteada pela maresia
procuro voltar
ao caminho
que me leva
à minha flor, esta

Impasse

a luz da lua
borrava o céu
enevoado

e a minha libido
desconcertada
buscava um entendimento

do meu corpo comigo
do meu corpo contigo
do meu corpo com o teu

tão próximo
mas raras vezes
à distância
de ouvir-te
a respiração

pensamentos
em uma lua libidinosa
não resolveram o impasse
que prosseguiu noite além
noites além

até aquela
em que esbarramos no escuro
sem lua nenhuma
nem romantismos

e reencontramo-nos apenas
carentes que estávamos
capazes de entrega
naquela noite
desfez-se o impasse

Eclipse desperdiçado

não ter o seu coração comigo
é assim como desperdiçar
um eclipse total da superlua

de tristeza
não poder aproveitar
um pedacinho que seja
do espetáculo da natureza
que é você e o seu desabrochar

espero que volte logo o seu coração
a andar compassado ao meu
aquecido em meu peito
afagada a tua cabeça
pelas minhas mãos

sedentas de te acarinhar
de te aninhar
nos teus retornos à infância
que vão se espaçando
com o tempo

não quero perder de vista
o teu sorriso
nem deixar de escutar
os teus silêncios
preciso, ao que parece,
aprender a te ouvir
em outro tom

aprender a dividir
guarda-roupa e acessórios
entre outras complexidades

te beijo durante o teu sonho
querendo que o meu carinho
te traga um acalanto noturno
e o deixe em mim também
até amanhã
quando acordaremos
pra mais uns passos

The game is afoot

não vamos partir de
nenhum pressuposto
a vida tá lançada
— e é só

surpresas virão
e não estaremos preparados
ou não seriam surpresas

vai ser preciso
reinventar muitas vezes
o hoje e o amanhã

até mesmo o ontem
teremos que recriar
mudando o colorido
de alguns fatos

quem dera ficar e repassar
todos os meus sentimentos
neste pedaço de papel

desarmar-me
de tudo
aquilo que
não-dito
virou calo

dizer tudo
ao mesmo tempo agora
num exorcismo de palavras
até estar completamente
sem máscaras
e aceitar-me
tal como sou

poder me importar
com o que pensam
aqueles que importam

pois é neles enfim
e nos sorrisos secretos
que trocamos
que me faço gente

gente que passa
cumprimenta
se despede e volta
porque esqueceu
o beijo de despedida

beijos e abraços são pedras
onde me apoio entre abismos

A pé (entre o Dionísio Torres e o Meireles)

ao caminhar pelas ruas
do bairro da minha infância
buscava reconhecer antigos sinais

entre prédios e comércios
algumas casas vestigiais
de um tempo ido
e árvores alheias
a tanta mudança

os nomes das ruas
tão familiares ao ouvido
entre doutores, coronéis,
desembargadores, monsenhores,
fui vagando a esmo
me fazendo a pergunta
que não fiz na infância:
o que fez esse fulano
pra merecer nome de rua?

este provavelmente cometeu
uma série de arbitrariedades
— o que é o poder
senão a arbitrariedade?

este outro eu sei
foi mesmo
um grandessíssimo
filho da puta

fui caminhando
repetindo mentalmente
aqueles nomes
em um mantra da memória

pensando no quanto são sonoros
porém desprovidos
de significado real de gente
— significam lugares

o bairro parecia melancólico
naquele momento
que antecede o crepúsculo
quando a luz ainda não parece diminuir
mas pressente-se que o calor arrefece
com uma brisa anunciadora

alonguei-me na caminhada
deixando o bairro
em sentido contrário à brisa
para melhor senti-la
curvando esquinas ao sabor do acaso
e dos nomes inscritos nas placas azuis

quando me deparei
com aquela ruazinha
tortuosa e meio ladeira
de nome Rua da Paz
não era de ninguém
era a paz
já quase chegando na praia

de onde soprava
a brisa benéfica de fim de tarde

uma rua pequena e torta — a paz

ali esquecida num cantinho
que não serviu de logradouro
pra personalidade nenhuma
como um desejo de humanidade
espremido pelo poder

A carta da irmã

a casa da mãe tem lembranças por demais
você vai guardar uma coisa na gaveta
e arrisca encontrar a carta
que a sua irmã lhe escreveu
quando você deixou a casa materna
(há vinte anos)

é toda amor fraternal
amor sentido de separação
daquela com quem você
dividiu o quarto
e fez as confidências
por um tempo igual àquele
que você deixou a casa materna

dois tempos acumularam-se entrementes
você regressa frequentemente
à casa materna, em visita
e ainda assim ocorre
de ser surpreendida por
uma mensagem do passado

no momento preciso em que
você e a sua irmã
vivem o amor sentido
de um outro tipo de separação
bocado distância física
bocado distância sentimental

as obrigações são tantas
que nem há tempo
de bem acertar os ponteiros com a irmã
habitante de um outro continente
mãe de uma outra família

e no entanto tão parecidas seguem
como no dia em que por acaso
escolheram a mesma blusa da mesma cor
na loja em liquidação
porém em eventos independentes

aperceberam-se em casa
e riram muito
as blusas misturaram-se
na lavagem de roupa
e uma usava a da outra
e a outra a da uma
sem que isso incomodasse ninguém

longe esse tempo
hoje quem troca as roupas são os filhos
as mães estão sempre a catá-las
a tentar separar a roupa de um
da roupa do outro
durante as férias
na casa da vó

a casa da vó tem lembranças por demais
há fotos espalhadas dos netos
ao passar pelo corredor você arrisca
dar com a cara da sua filha de riso
franco e brilhante como só em criança

e ter saudades tão fortes
dela naquele tempo
e saber que assim
vai acontecer com todos
— deixarem de ser crianças
como você deixou

isto pode lhe fazer tanta pena
que arrisca você ter que enxugar uma lágrima
com sorte ninguém verá, mas arrisca
pois nesses corredores da casa da mãe
passam tantas pessoas

a carta da irmã tem uma ilustração
na qual você voa
sobre um tapete voador
em busca de felicidade
inicia o seu caminho
longamente percorrido

você continua a buscar
teima em estar sempre
a sua perseguição
mas talvez rode em círculos
e ainda não tenha percebido

são círculos afinal
esses anos que passam
que teimam em passar
e sempre mais vertiginosamente
chega-nos o dia do aniversário
do que quando por ele
esperávamos ansiosamente

Parque das Garças

caminhada até o parque das garças,
destino litúrgico da minha religião
de comungar com a natureza

aquele ipê
em seu vestido de pompons
a gritar uma mensagem
que eu incompreendia

três corujas buraqueiras
miravam-me espantadas
da minha parvoíce

talvez fosse o código
afinal, da vida

mas eu não podia ouvir
estava cega aos símbolos

um choro de criança
ao longe
talvez o meu
pedindo colo
ao vento

quiçá no lago
o filhotinho de capivara
apareça e me leve
ao reino das águas claras

onde eu vire princesa
o avesso de mim

Palavra escrita II

a palavra sente
a falta do papel

saudades
de esfregar-se
em suas ranhuras

carece de substância

tem nostalgia
da cola do selo na língua
do odor de cera queimada
do irreversível do lacre

não mais sofre
o cansaço das pernas
o sol na cabeça
a distância a vencer

não mais suporta
a angústia da espera
o ter nas mãos o envelope
a expectativa do conteúdo

anda alheia à permanência
ao cárcere das gavetas
ao curtume do tempo

a tinta
a fibra
o tempo

são ingredientes da palavra

Aleia das mimosas

ir desnuda
e despida de visão
pela aleia das mimosas

deixando-me guiar
apenas pelo olfato
em busca da vária
alteridade em mim

sóis diminutos
e seus metabólitos
voláteis

eu volúvel

a banhar-me
em perfume
amarelo

eu volúvel

a sonhar outros
possíveis eus

universos paralelos
e minha existência

tangente
pungente
aparente

banhada
de noite
a visão

de um fractal sol
estilhaçando-se
em flores

Intrigante

contra o instinto desbravador do bandeirante,
o mistério da arte:
— não se pode levantar todos os véus

há segredos emaranhados
em veredas abandonadas
convidando a trilhar

sensação à espreita
seio que se adivinha
na transparência do vestido

fazendo sonhar
além do tato

EDITORAMOINHOS.COM.BR

Este livro foi composto Adobe Garamond Pro, enquanto Caetano Veloso cantava *Transa*, em outubro de 2017, para a Editora Moinhos.